Awesome Christmas Activity Book!:
A Stocking Stuffer

by

Davies Activity Books

Awesome Christmas Activity Book!: A Stocking Stuffer
by Davies Activity Books

Font used on cover (foo.ttf): copyright Typodermic Fonts Inc.
Front cover and interior images: copyright roffington, Klara Viskova and Igor Zakowski. Used under license (extended license purchased where necessary) from Dollar Photo Club (dollarphotoclub.com).
Back cover image: copyright Christos Georghiou. Used under license (enhanced) from Shutterstock (shutterstock.com).

Copyright © 2015 Dr Jason Davies
All rights reserved. No part of this publication may be reproduced, stored in a retrieval system, or transmitted in any form or by any means, electronic, mechanical, photocopying, recording or otherwise, without the prior written permission of the publisher.

ISBN-13: 978-1515307938
ISBN-10: 151530793X

Merry Christmas!

```
C M B D K B M T Z H L K
H H W D Q L T P P R K F
R K S J O H F L J S K L
I Q E H M O O M E M K E
S R O L O D W L R G J G
T N T Q U P I E L K R N
M K E R N M P G R C R A
A X L C S F O I Y I Z N
S W T X W O G M N X F B
D R S J S H V K N G L L
A M I E L C H A R I T Y
Y F M T F R E G N A M P
```

mistletoe

charity

Christmas Day

manger

angel

smiles

shopping

goose

firewood

Rudolph

CHRISTMAS WORD SEARCH!

C	M	B	D	K	B	M	T	Z	H	L	K
H	H	W	D	Q	L	T	P	P	R	K	F
R	K	S	J	O	H	F	L	J	S	K	L
I	Q	E	H	M	O	O	M	E	M	K	E
S	R	O	L	O	D	W	L	R	G	J	G
T	N	T	Q	U	P	I	E	L	K	R	N
M	K	E	R	N	M	P	G	R	C	R	A
A	X	L	C	S	F	O	I	Y	I	Z	N
S	W	T	X	W	O	G	M	N	X	F	B
D	R	S	J	S	H	V	K	N	G	L	L
A	M	I	E	L	C	H	A	R	I	T	Y
Y	F	M	T	F	R	E	G	N	A	M	P

SOLUTION

SOLUTION

CHRISTMAS WORD GRID!

Fit the following words into the grid above:

holiday   ornaments

carols   pinecone

icicle   garland

candy   scarf

SOLUTION

CHRISTMAS WORD JUMBLE!

WAMSNON
_____

MHNCIYE
_____

UYRKET
_____

Hints
Top: Has a carrot for a nose
Middle: Santa climbs down this
Bottom: Eaten at Christmas

WAMSNON
SNOWMAN

MHNCIYE
CHIMNEY

UYRKET
TURKEY

SOLUTIONS

CHRISTMAS DOT-TO-DOT!

SOLUTION

CHRISTMAS COLORING!

WHEN COLORING, THE COLOR CAN SOMETIMES BE SEEN ON THE OTHER SIDE OF THE PAGE. THEREFORE, THIS PAGE HAS BEEN LEFT BLANK.

```
J R W L P B M V L E Q R
L F E D A R A P C Z E P
L S M G V X Q I C T V O
Z G J R C M O R H K C I
Q N Y L E J M G B H J N
R I M N E I U R I G H S
M M W R O A N L X H T E
N M V X L M D D Q P R T
K I P J C R E P E Y I T
W R H L E M T R N E B I
R T L N M Y M D E W R A
C H I M N E Y D J C P F
```

trimmings

chimney

birth

parade

poinsettia

laughter

reindeer

children

ceremony

rejoice

CHRISTMAS WORD SEARCH!

J	R	W	L	P	B	M	V	L	E	Q	R
L	F	E	D	A	R	A	P	C	Z	E	P
L	S	M	G	V	X	Q	I	C	T	V	O
Z	G	J	R	C	M	O	R	H	K	C	I
Q	N	Y	L	E	J	M	G	B	H	J	N
R	I	M	N	E	I	U	R	I	G	H	S
M	M	W	R	O	A	N	L	X	H	T	E
N	M	V	X	L	M	D	D	Q	P	R	T
K	I	P	J	C	R	E	P	E	Y	I	T
W	R	H	L	E	M	T	R	N	E	B	I
R	T	L	N	M	Y	M	D	E	W	R	A
C	H	I	M	N	E	Y	D	J	C	P	F

SOLUTION

CHRISTMAS WORD GRID!

Fit the following words into the grid above:

celebrate

relatives

Noel

list

chimney

festive

lights

manger

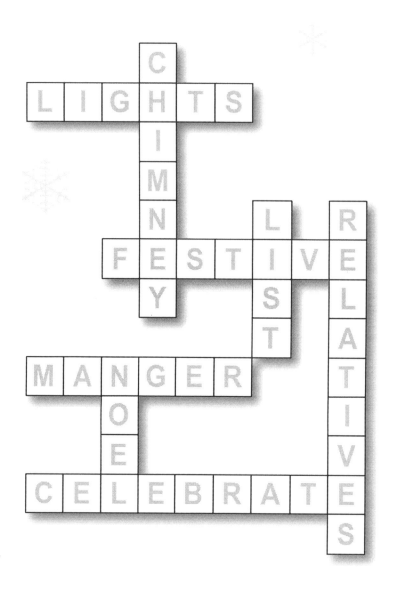

SOLUTION

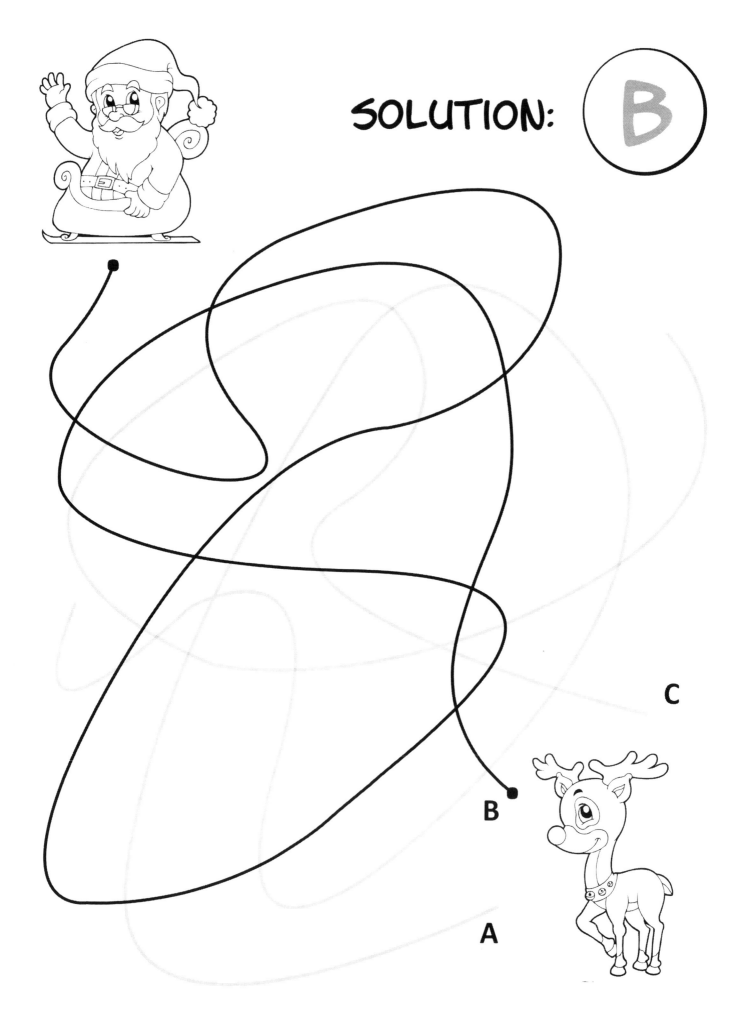

CHRISTMAS WORD JUMBLE!

ORFIOWDE
_____

OITMLSEET
_____

DNCAEL
_____

Hints
Top: Burn in the hearth
Middle: Kiss under this
Bottom: Ignite for light

ORFIOWDE
FIREWOOD

OITMLSEET
MISTLETOE

DNCAEL
CANDLE

SOLUTIONS

COUNT THE SANTAS!

HOW MANY SANTAS DO YOU SEE?

SOLUTION:

```
P V J R S G R M B S Y B
D R W W R G J P L H M L
Z G N Y O Z N L M M W I
K K N C M R E I Y D F Z
D D F E U B K R D J Q Z
N T T L L L R S T I R A
D U P E P H N N H N T R
D R V B R N V Q Z O D D
K K L R A N D T V R P N
G E T A G P A G E A N T
W Y N T U Q R B P D L L
F P Q E S N O S A E S X
```

sugarplum
pageant
celebrate
season
turkey

bells
workshop
myrrh
blizzard
tidings

CHRISTMAS WORD SEARCH!

P	V	J	R	S	G	R	M	B	S	Y	**B**
D	R	W	**W**	R	G	J	P	L	H	M	L
Z	G	N	Y	O	Z	N	L	M	**M**	W	I
K	K	N	**C**	M	R	E	I	Y	D	F	Z
D	D	F	E	U	**B**	K	R	D	J	Q	Z
N	**T**	T	L	L	L	R	S	T	I	R	A
D	U	P	E	P	H	N	N	H	N	**T**	R
D	R	V	B	R	N	V	Q	Z	O	D	D
K	K	L	R	A	N	D	T	V	R	P	N
G	E	T	A	G	**P**	A	G	E	A	N	T
W	Y	N	T	U	Q	R	B	P	D	L	L
F	P	Q	E	**S**	N	O	S	A	E	**S**	X

SOLUTION

CHRISTMAS WORD GRID!

Fit the following words into the grid above:

advent   pageant

family   cards

unwrap   feast

blustery   myrrh

SOLUTION

COPY AND COLOR!

WHEN COLORING, THE COLOR CAN SOMETIMES BE SEEN ON THE OTHER SIDE OF THE PAGE. THEREFORE, THIS PAGE HAS BEEN LEFT BLANK.

```
L  S  Y  N  S  Q  L  A  U  T  I  R
D  E  R  L  G  T  F  X  Z  V  P  N
E  V  T  T  A  L  O  P  M  T  L  E
C  I  N  N  Z  V  R  C  R  R  G  K
O  T  I  M  P  A  I  F  K  O  C  N
R  A  W  N  Y  B  N  T  O  I  L  W
A  L  R  E  R  Q  W  R  S  E  N  V
T  E  R  C  T  L  C  X  O  E  L  G
I  R  T  X  V  S  C  N  C  Q  F  R
O  K  H  O  L  I  D  A  Y  J  R  W
N  X  R  B  T  Q  J  R  V  M  Q  J
S  T  W  M  H  F  J  J  N  D  M  T
```

relatives
holiday
decorations
ritual
wintry

Noel
stocking
prayer
festival
Scrooge

CHRISTMAS WORD SEARCH!

L	S	Y	N	**S**	Q	L	A	U	T	I	**R**
D	E	R	L	G	T	F	X	Z	V	P	N
E	V	T	T	A	L	O	**P**	M	T	L	E
C	I	N	N	Z	V	R	C	R	R	G	K
O	T	I	M	P	A	I	F	K	O	C	N
R	A	**W**	N	Y	B	N	T	O	I	L	W
A	L	R	E	R	Q	W	R	S	E	N	V
T	E	R	C	T	L	C	X	O	E	L	G
I	**R**	T	X	V	**S**	C	**N**	C	Q	**F**	R
O	K	**H**	O	L	I	D	A	Y	J	R	W
N	X	R	B	T	Q	J	R	V	M	Q	J
S	T	W	M	H	F	J	J	N	D	M	T

SOLUTION

CHRISTMAS WORD JUMBLE!

IRENEEDR
_____

REGENVEER
_____

OGKINTCS
_____

Hints
Top: Sleigh puller
Middle: A tree that doesn't lose its leaves
Bottom: Don't forget to hang up yours!

IRENEEDR
REINDEER

REGENVEER
EVERGREEN

OGKINTCS
STOCKING

SOLUTIONS

CHRISTMAS WORD GRID!

Fit the following words into the grid above:

excitement   jolly

snowball   socks

mittens   firewood

sweater   sled

SOLUTION

CHRISTMAS COLORING!

WHEN COLORING, THE COLOR CAN SOMETIMES BE SEEN ON THE OTHER SIDE OF THE PAGE. THEREFORE, THIS PAGE HAS BEEN LEFT BLANK.

```
D X N R R E C E I V E Y
L T W L R N L S Y L G R
W E L R P N T N W L I E
C P S B A N B O J M N T
L H N N E P W I H N G S
D V J S I O P T X W E U
P N E T N T N I N N R L
M R K S C G H D N C B B
P H P E S O J A W G R Y
Y Y R K L P B R R N E V
Y K T L L M M T Y X A T
H G Y R Q J Q C L R D M
```

tradition
receive
gingerbread
Joseph
tinsel
snow
wrapping
holly
blustery
presents

CHRISTMAS WORD SEARCH!

D	X	N	R	**R**	E	C	E	I	V	E	Y
L	T	**W**	L	R	N	L	S	Y	L	**G**	R
W	E	L	R	P	N	T	N	W	L	I	E
C	P	S	B	A	N	B	O	J	M	N	T
L	H	N	N	E	P	W	I	H	N	G	S
D	V	J	S	I	O	P	T	X	W	E	U
P	N	E	T	N	**T**	N	I	N	N	R	L
M	R	K	**S**	C	G	**H**	D	N	C	**B**	
P	H	P	E	S	O	**J**	A	W	G	R	Y
Y	Y	R	K	L	P	B	R	R	N	E	V
Y	K	T	L	L	M	M	**T**	Y	X	A	T
H	G	Y	R	Q	J	Q	C	L	R	D	M

SOLUTION

CHRISTMAS WORD GRID!

Fit the following words into the grid above:

receive   decorations

hope   rejoice

workshop   reindeer

stocking   elves

SOLUTION

```
H L V D R Z T Y K P N R
L E W A H H P B N A S R
E X R G C P Z L N R G K
K C W Y A A M D E W T J
A I J H K K T L T N R C
L T T N R G O I T U A J
F E M D Z R N K O R F Y
W M T Y A D Z I D N Q N
O E Y C H T K S G P L L
N N P A C K A G E N N L
S T W L Y R P P W Q I H
G D H G I E L S V V J S
```

snowflake
package
excitement
sleigh
unwrap
happy
vacation
cards
singing
carolers

CHRISTMAS WORD SEARCH!

H	L	**V**	D	R	Z	T	Y	K	P	N	R
L	**E**	W	A	H	H	P	B	N	A	S	R
E	X	R	G	C	P	Z	L	N	R	G	K
K	C	W	Y	A	A	M	D	E	W	T	J
A	I	J	**H**	K	K	T	L	T	N	R	**C**
L	T	T	N	R	G	O	I	T	**U**	A	J
F	E	M	D	Z	R	N	K	O	R	F	Y
W	M	T	Y	A	D	Z	I	D	N	Q	N
O	E	Y	**C**	H	T	K	S	G	P	L	L
N	N	**P**	A	C	K	A	G	E	N	N	L
S	T	W	L	Y	R	P	P	W	Q	I	H
G	D	H	G	I	E	L	**S**	V	V	J	**S**

SOLUTION

CAN YOU HELP THE SNOWMAN FIND HIS HAT?

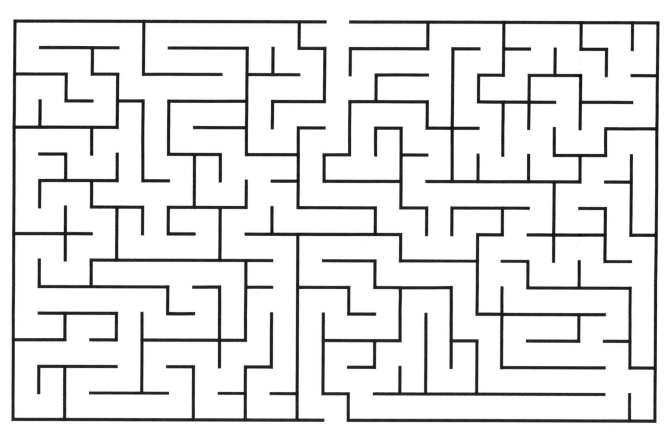

SOLUTION

CHRISTMAS WORD GRID!

Fit the following words into the grid above:

greetings celebration

Scrooge chestnuts

charity parade

ribbon donkey

SOLUTION

```
N W Q D L Q L Y R M X Q
O C D N M L Q E W E Z G
I T J U V F T Y D R R K
T L M O R A W K Z R J M
A O T B E E Q C G Y W Q
R P B W K N T I G M T V
B R S O W J V N H F K M
E N R N G I M N I L R L
L M T S N G R G B W M C
E L M G R B A K M L N Y
C V M I T T E N S R L R
S S E N R E H T E G O T
```

snowbound
mittens
togetherness
giving
winter
gift
toboggan
merry
celebration
sweater

CHRISTMAS WORD SEARCH!

SOLUTION

COPY AND COLOR!

WHEN COLORING, THE COLOR CAN SOMETIMES BE SEEN ON THE OTHER SIDE OF THE PAGE. THEREFORE, THIS PAGE HAS BEEN LEFT BLANK.

CHRISTMAS WORD GRID!

Fit the following words into the grid above:

wintertime   nutcracker

gratitude   Mary

ritual   love

season   gold

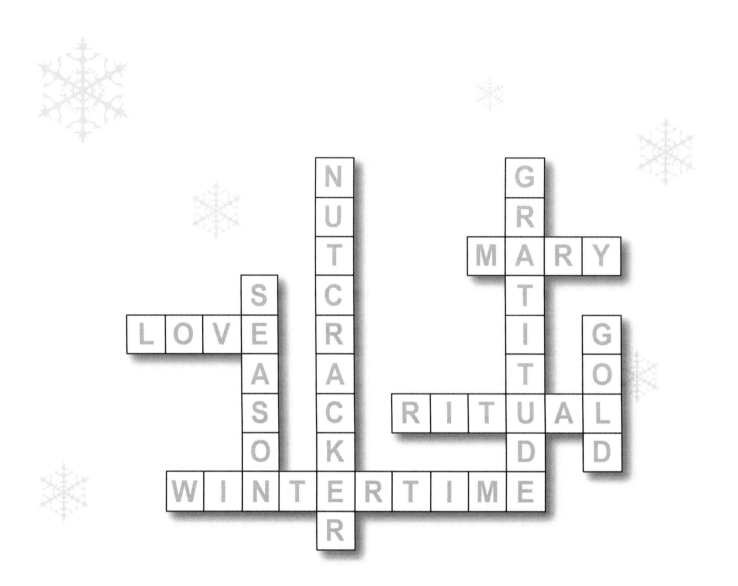

SOLUTION

WHEN COLORING, THE COLOR CAN SOMETIMES BE SEEN ON THE OTHER SIDE OF THE PAGE. THEREFORE, THIS PAGE HAS BEEN LEFT BLANK.

CHRISTMAS WORD GRID!

Fit the following words into the grid above:

snowflake   star

tinsel   tree

turkey   togetherness

cold   frankincense

SOLUTION

```
L  T  M  M  Z  N  L  W  Y  R  N  E
E  A  R  X  R  G  T  Z  I  C  S  X
M  K  U  D  Y  L  T  B  D  N  Y  W
I  G  K  N  D  U  B  D  E  Y  C  Z
T  U  N  E  N  O  L  C  J  T  T  D
R  E  L  G  N  A  N  E  H  I  T  N
E  S  X  W  R  I  C  K  T  V  V  G
T  T  K  M  K  Q  B  X  Z  I  Z  W
N  B  P  N  F  C  Q  M  F  T  D  W
I  K  A  A  D  V  E  N  T  A  M  E
W  R  Y  M  B  D  D  F  H  N  B  H
F  N  T  M  G  N  I  L  O  R  A  C
```

wintertime   sled
advent   yuletide
frankincense guest
ribbon   caroling
annual   nativity

CHRISTMAS WORD SEARCH!

L	T	M	M	Z	N	L	W	Y	R	N	E
E	A	R	X	R	G	T	Z	I	C	S	X
M	K	U	D	Y	L	T	B	D	N	Y	W
I	G	K	N	D	U	B	D	E	Y	C	Z
T	U	N	E	N	O	L	C	J	T	T	D
R	E	L	G	N	A	N	E	H	I	T	N
E	S	X	W	R	I	C	K	T	V	V	G
T	T	K	M	K	Q	B	X	Z	I	Z	W
N	B	P	N	F	C	Q	M	F	T	D	W
I	K	A	A	D	V	E	N	T	A	M	E
W	R	Y	M	B	D	D	F	H	N	B	H
F	N	T	M	G	N	I	L	O	R	A	C

SOLUTION

CHRISTMAS WORD JUMBLE!

ICHOR
_____

LRHOPDU
_____

CLIICE
_____

Hints
Top: Group of singers
Middle: Lead reindeer
Bottom: Formed by freezing dripping water

ICHOR
CHOIR

LRHOPDU
RUDOLPH

CLIICE
ICICLE

SOLUTIONS

CHRISTMAS WORD GRID!

Fit the following words into the grid above:

candle   evergreen

Rudolph   wish

toys   singing

bells   mistletoe

SOLUTION

CHRISTMAS COLORING!

WHEN COLORING, THE COLOR CAN SOMETIMES BE SEEN ON THE OTHER SIDE OF THE PAGE. THEREFORE, THIS PAGE HAS BEEN LEFT BLANK.

CHRISTMAS WORD JUMBLE!

NASAT
_____

MCRAIHSTS
_____

OENAWSKLF
_____

Hints
Top: Jolly gift giver
Middle: 25th December
Bottom: Like a frozen raindrop

NASAT
SANTA

MCRAIHSTS
CHRISTMAS

OENAWSKLF
SNOWFLAKE

SOLUTIONS

G	S	W	F	M	M	R	M	M	P	H	B
M	T	N	J	E	K	R	R	X	T	S	P
C	N	G	R	K	A	K	P	A	Y	Q	J
C	E	Y	E	G	D	S	E	O	B	M	V
L	M	N	K	K	R	R	T	G	T	Y	V
I	A	O	C	F	W	T	M	N	N	X	N
G	N	I	A	F	E	S	T	I	V	E	P
H	R	N	R	Y	K	W	N	K	P	H	R
T	O	U	C	S	N	O	W	B	A	L	L
S	R	E	T	Y	Z	J	D	G	B	N	J
Q	X	R	U	Y	N	T	X	F	M	L	L
V	X	D	N	E	T	A	R	O	C	E	D

ornaments
festive
nutcracker
lights
wreath
toys
snowball
feast
decorate
reunion

CHRISTMAS WORD SEARCH!

SOLUTION

HELP THE GINGERBREAD MAN ESCAPE THE MAZE!

SOLUTION

```
G C S B R L U F Y O J X
Z H Y D G A R L A N D Z
P R B E R Q X V V E R K
Q I X G C E V J L X E R
G S R D S X H V Z V D N
W T H I V N E P M K N R
B M Q R T S O M E A O X
R A R T Q D Q W M H W M
T S F R N H N W F Y S K
Z E L A X D O M R A V W
T V F P L N B A C D L H
T E V H S N M R P D N L
```

partridge   Mary
garland   snowfall
Christmas Eve   elves
joyful   shepherds
wonder   snowman

CHRISTMAS WORD SEARCH!

G	**C**	S	B	R	L	U	F	Y	O	**J**	X
Z	H	Y	D	**G**	A	R	L	A	N	D	Z
P	R	B	E	R	Q	X	V	V	**E**	R	K
Q	I	X	G	C	E	V	J	L	X	E	R
G	S	R	D	**S**	X	H	V	Z	V	D	N
W	T	H	I	V	N	E	P	M	K	N	R
B	M	Q	R	T	S	O	M	E	A	O	X
R	A	R	T	Q	D	Q	W	M	H	**W**	M
T	S	F	R	N	H	N	W	F	Y	**S**	K
Z	E	L	A	X	D	O	M	R	A	V	W
T	V	F	**P**	L	N	B	A	C	D	L	H
T	E	V	H	**S**	N	**M**	R	P	D	N	L

SOLUTION

COPY AND COLOR!

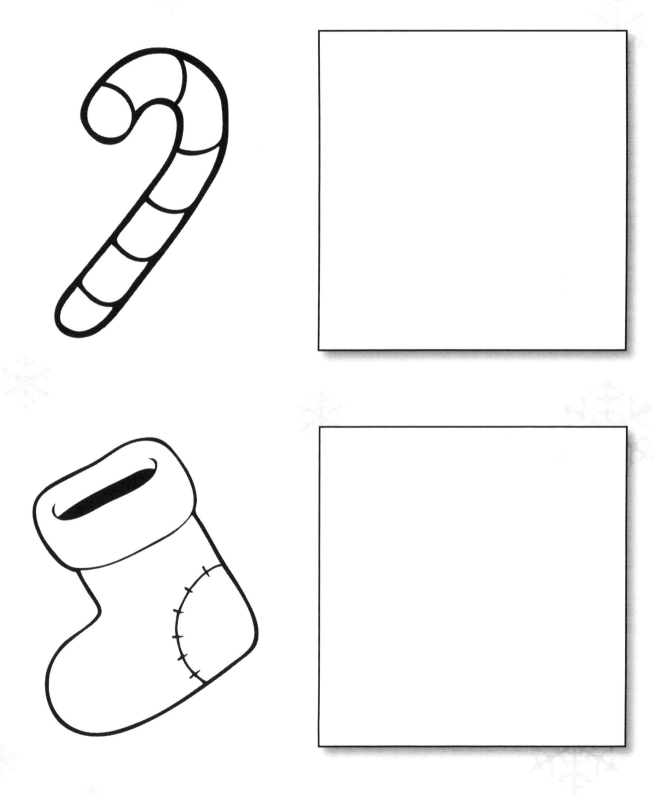

WHEN COLORING, THE COLOR CAN SOMETIMES BE SEEN ON THE OTHER SIDE OF THE PAGE. THEREFORE, THIS PAGE HAS BEEN LEFT BLANK.

CHRISTMAS WORD GRID!

Fit the following words into the grid above:

tradition   gingerbread

reunion   happy

snowman   gift

party   sugarplum

SOLUTION

CHRISTMAS DOT-TO-DOT!

SOLUTION

Made in the USA
Lexington, KY
17 November 2016